LA ANARQUÍA EXPLICADA A LOS NIÑOS

José Antonio Emmanuel (1931)

Ilustrado por Fábrica de Estampas

LIBROS DEL ZORRO ROJO

A los Hijos del Proletariado Español.

«... Débiles y pequeños, los niños son,
por eso mismo, sagrados...»

ELISEO RECLUS

N. B. P.

Este folleto está escrito para contestar a la pregunta que nos han formulado varios camaradas: *¿cómo educaré a mis hijos?* Pregunta que ya esperábamos y a la que respondemos ateniéndonos a los dictados de la Razón y de la Ciencia.

Dedicado a los hijos del proletariado español, esperamos que estas páginas —modestamente escritas— orientarán la educación de nuestra infancia en un sentido verdaderamente renovador.

A los padres y a los maestros nos dirigimos para que —en el hogar y en la escuela— propaguen las sanas doctrinas de una educación donde se destierre todo fanatismo y se aspire a libertar a la infancia de la nefanda opresión que sobre ella se ejerce.

Por culpas de unos y otros, la educación ha quedado estancada en un marasmo de servidumbre, de la que debe salir redimida y reconfortada.

Sean estas breves páginas estímulo para todos.

EL GRUPO EDITOR
(1931)

1

¿Qué es la Anarquía?

ANARQUÍA, queridos niños, es la doctrina que no conformándose con la organización que se ha impreso a la humanidad, desde los tiempos en que empezaron a crear la Sociedad, intenta dar una constitución a la vida basada en los principios sacrosantos del amor universal y de la solidaridad humana.

Su misión es hacer cesar la desigualdad reinante entre los seres que los divide en pobres y ricos, explotados y explotadores, esclavos y dominadores. Que la Vida sea tal cual debe ser: la libre manifestación de las facultades, la espontaneidad de los actos, la liberación final destruyendo las causas que se oponen a que la sociedad se base en la más plena libertad y en la más absoluta independencia.

Entre las causas que la Anarquía quiere destruir por considerarlas nocivas y perjudiciales al desarrollo libre del individuo y de la colectividad puedo enumerar las siguientes para que no olvidéis nunca que, al combatirlas, laboramos por el bienestar de todos:

El MILITARISMO es la fuerza armada de que se valen los que se han apoderado de la vida, para imponer sus injusticias y cimentar sus maldades. Esta fuerza no retrocede ni ante el crimen; arma a los seres entre sí, los lanza contra los que, como vosotros, como vuestros padres, vuestros hermanos, han hecho del trabajo una virtud. Cuando nos rebelamos a este modo de proceder, cuando nos alzamos contra la injusticia que con nosotros se comete, caen sobre nosotros. No contento con querernos destruir, suscitan guerras, diezman la humanidad, y los crímenes se amontonan en el camino que recorremos.

La Anarquía opone a esta fuerza bruta, la Paz. El anarquista no quiere la guerra, se opone a la guerra, ansía la paz, porque es el punto fundamental de su doctrina salvadora. Considera a todos los seres, hermanos; no quiere fronteras que nos separen, sino corazones que se fundan en un sólo amor: la emancipación total y absoluta de los seres humanos. Las armas del anarquismo es el libro, es el trabajo, es la palabra. Con éstas combate la fuerza organizada del militarismo y con ellas triunfará sobre los carniceros y devoradores de hombres. Con el libro, con el trabajo, con la palabra llama a todos, haciéndoles ver que sobre la fuerza bruta se alza la fuerza de la idea cuyo triunfo final no puede discutirse.

El CLERICALISMO es la farsa de que se han
9 rodeado los usurpadores de la vida para demostrar que sus imposiciones, sus tiranías, sus opresiones son justas y agradables a un «dios» que se han forjado para revestir de bondad sus actos. Con este «dios» se dirigen al corazón de los *creyentes*, y rodeándole de un fausto y un lujo inusitados en los templos que le han erigido, dirígenle oraciones y preces para hacer creer a todos que son los directores de la vida, los organizadores de la vida, y que la sociedad constituida cae en pecado de no seguir a este dios, los mandatos de este dios, las tiránicas órdenes de este dios. Sobre todo, se apodera de vosotros, queridos niños, para atemorizaros con

los fabulosos tormentos de un infierno y los goces de un cielo que habéis de ganar supeditándoos a los que representan a este dios en el mundo. A los que no le siguen, a los que se apartan de ellos asqueados y rebelándoseles, los declaran «enemigos» y frente al poder de su dios, a la omnipotencia de su dios, crean el *demonio*, que tienta al hombre, a la mujer, a vosotros mismos, condenándonos a penas eternas de un fuego infinito.

Para afianzarse, para asegurar su dominio en el mundo y sobre todos los seres, llama en su auxilio al militarismo, que tiene organizada la vida en ejércitos dispuestos a hacer triunfar el principio divino. La Anarquía opone a este poder omnímodo, a este poder absoluto, a esta potestad terrorífica, la cultura por la Ciencia. La ciencia, que es el ordenado conocimiento de la vida, descubre las leyes porque se rigen los mundos y la sociedad; investiga que todo lo atribuido a dios, lo innato a dios, es falso y erróneo; que sólo existe una ley que derroca la ley divina, que destruye la omnipotencia divina: la ley natural del progreso humano. En virtud de este progreso se llega fácilmente a contemplar la vida en toda su pureza; que la tierra no es la morada de dios, ni el templo de dios; que el ser humano no tiene origen divino, sino que aparecimos en el mundo en virtud de hondas e incesantes transformaciones evolutivas en el organismo animal hasta llegar a nuestra especie; que el fin del mundo tampoco está sujeto a los providenciales destinos de dios, sino que la ciencia fija su fin de un modo racional y de acuerdo con las leyes naturales.

La Anarquía destruye las religiones porque son absolutistas, despóticas, crueles y sanguinarias. Y contra ellas quiere preservaros, queridos niños, para que os rebeléis al temor de ser condenados,

al miedo de ser castigados, al placer de ser premiados. El castigo y el premio sólo pueden existir en la sociedad burguesa creada por los religiosos y los militarizantes. Sólo existe una recompensa: la del deber cumplido con la Vida, de ser útiles a los semejantes y de coadyuvar a implantar la nueva sociedad donde no existen odios, ni rencores, ni clases, ni vanidades, ni tiranías.

El CAPITALISMO es la sociedad organizada en el egoísmo brutal y antihumano, detentando el poder absoluto sobre la humanidad que produce y trabaja, aprovechándose del esfuerzo común para crear riquezas y privilegios sin los cuales no podría vivir. Erige un poder para sostenerse, funda los estados, divide a los hombres en naciones; sus tentáculos se clavan en las entrañas de la tierra para sacar el dinero que monopoliza y distribuye inicuamente; penetra en todos los ámbitos, desde el taller y la fábrica hasta el acaparamiento absoluto de vidas y haciendas, dicta leyes y las impone para robustecerse y consolidarse; señor absoluto de las existencias, no repara en medios para desnaturalizar el trabajo, atribuirse la producción, regularizar la vida a base de la usurpación y la violencia. Amo y señor del organismo social, tiene al «clericalismo» porque le ayuda en sus nefandos designios y cuenta con el «militarismo» porque le sostiene y le sirve de apoyo. Quiere que su «ley» sea acatada y obedecida por todos: cuenta para ello con los sicarios y escribas para hacerla cumplir. A esto llama su *mandato;* a esto da el nombre de *poder*.

Pero la Anarquía, queridos niños, se levanta contra este modo de concebir la vida y se rebela a esta manera de organizar la existencia. La Anarquía aspira a suprimir todas estas causas que sumen a la humanidad en el letargo del opio. No quiere estados que, por el sólo hecho de existir, llevan en sí desigualdades irritantes e injusticias cruentas. Al dinero opone el libre cambio de productos; al trabajo remunerador para los privilegiados, opone el trabajo distribuido a cada cual según sus fuerzas; al egoísmo insano de los poderosos, opone que las necesidades de cada uno sean cubiertas con arreglo a las necesidades de todos. A la ley opresora, opone la ley del amor. Al egoísmo, opone la tesis de que la tierra pertenece al que la trabaja y produce.

Esto es la Anarquía, amados niños. Esto, y mucho más que no puedo explicaros en estas breves páginas, pero el tiempo os irá enseñando y la vida os irá descubriendo.

La Anarquía quiere que investiguéis el origen de todas estas desigualdades, el porqué de todas estas injusticias; que os capacitéis para que comprendáis que la vida que vivís, reflejo de la vida amarga de vuestros padres, no es así, ni puede ser así. La vida es belleza; la vida es la justicia; la vida es la paz y el bienestar.

La Anarquía os pone en el camino de conseguirlo y obtenerlo; y, pues sois los mas débiles, los más inocentes de esta malhadada organización, que sepáis rebelaros a cuanto os oprime y aprisiona. No estáis solos. Hay quien lucha por sacaros de la amargura que os rodea, de las zarzas que hieren vuestras carnes, de los venenos que se filtran en vuestros corazones puros y sagrados.

Éstos no os ofrecerán templos, ni os harán adorar divinidades, ni pondrán el temor en vuestros espíritus, ni corromperán vuestras conciencias encenagándolas con el dolo y el engaño.

Alzad los ojos, mirad a vuestro entorno. La hora de las alegrías sanas, de la felicidad y de la paz llega para vosotros.

La Anarquía acelera esta hora, esta alegría, esta felicidad, esta paz que aún no tenéis.

14

2

¿ Cómo llegar a la Anarquía ?

La Anarquía, queridos niños, os facilita el camino para llegar a ella. Cuenta con la Escuela, el Sindicato y el Ateneo Cultural. Vamos a explicaros estas tres poderosas fuerzas a las que tendréis que acudir siempre.

LA ESCUELA

Comprenderéis, fácilmente, que no podemos referirnos a la escuela burguesa y reaccionaria en donde hasta ahora os han hecho asistir. Nuestra escuela, la escuela que os ofrecemos, no es la cimentada a base de necias y estultas enseñanzas, sino la *escuela racionalista*.

Es preciso que sepáis que nuestra escuela tiene un fundamento científico, que es el que ha de orientar vuestras vidas. Vuestro maestro, el único tal vez a quien debéis agradecer sus esfuerzos por educaros, definía esta escuela diciendo, que secundaba el desarrollo espontáneo de vuestras facultades, buscando libremente la satisfacción de vuestras necesidades físicas, intelectuales y morales.

He nombrado a Ferrer. Estudiad su vida, seguid su labor y erigidle en vuestro apóstol y guía. A él se debe la escuela racionalista que, para honra de la humanidad, creó en esta España. Desterró de la escuela las tres farsas de que antes os hablaba: el militarismo, el clericalismo y el capitalismo. Hizo penetrar la ciencia en el cerebro de los otros niños que con él se educaban e infiltró la razón en los corazones. Él hizo sagrado vuestro derecho a instruiros y educaros fuera del antro de las viejas escuelas y de los maestros apergaminados. Él desterró de vuestras mentes la idea de la divinidad y la reemplazó por el culto a la justicia y la bondad. Él abrió la cárcel de las ideas para convertirla en lugar agradable y deleitable. Él vio en vosotros lo que la humanidad debe ver en vosotros: el germen de la humanidad nueva.

Honrad a Ferrer siguiendo sus doctrinas redentoras. Era anarquista Ferrer; es decir, luchaba contra las potentes fuerzas clericales, militaristas y capitalistas que convierten la sociedad en un caos informe de ignominia. Así debéis aprender a luchar. Iniciaos en esta doctrina salvadora y de vosotros mismos surgirá el mundo nuevo que estamos construyendo.

Es hora que sepáis que si no os redimís, si no os libertáis en la escuela, costará trabajo redimiros y libertaros cuando seáis grandes. La redención debe empezar en vosotros. Por eso, la Anarquía os da la Escuela. Que vuestros maestros se compenetren también de esta altísima verdad. De no ser así, quedaríais abandonados a vuestras escasas fuerzas y, por culpa vuestra, caeríais en brazos de los que esclavizan la vida.

La escuela os ha de enseñar a ser rebeldes, rebeldes de esta sociedad corrompida y desgraciada. Los enemigos de vuestros padres, de vuestros hermanos son y serán los enemigos vuestros. La causa de vuestro malestar y vuestra amargura también pesa sobre los que os dieron el ser y viven con vosotros. Debéis uniros a nosotros en esta lucha santa de la que depende cese, en absoluto, nuestro dolor y nuestra infelicidad.

No os queremos resignados; quede la resignación para los maestros burgueses y las cárceles escolares que rigen.

La escuela que os da la Anarquía es la de la libertad. Hay tres libros que os ayudarán a conseguirla. Tres libros que han educado a tres generaciones. Tres libros que deben quedar en vuestras escuelas como guiadores y conductores de vuestras vidas: *El dolor universal, La Conquista del Pan* y *La Montaña*. Sus autores son tres luces que aún brillan: Sebastian Faure, Pedro Kropotkine y Eliseo Reclus. Estos tres nombres no los olvidéis. Al llegar a los doce años no pueden faltar en la biblioteca que iréis engrandeciendo. Ellos os darán a conocer las causas de vuestros sufrimientos, el origen de vuestra esclavitud en el trabajo, los gérmenes de la vida y de la existencia, la historia de la tierra. En ellos aprenderéis a vencer las dificultades que se os presenten en la lucha, la fortaleza para resistirla y la esperanza en el porvenir. Que sean vuestros primeros pasos en la vida: báculo preciado para vuestro progreso.

EL SINDICATO

La Anarquía, una vez salidos de la Escuela, no os podrá dejar abandonados. A medida que crecéis, a medida que avanzáis —ya jóvenes—, os hace continuar la lucha acrecentando vuestra rebeldía.

Os dio una escuela para que supieseis y conocieseis el mundo en que vuestros ojos se abren; os hizo ver la desigualdad, os mostró dónde radica el egoísmo, dónde está la maldad, dónde se oculta nuestro eterno enemigo. Os lo mostró, os lo hizo ver para que os preparaseis a combatirle y derrotarle.

Conseguido esto, abre las puertas de otra organización: el Sindicato. Si en la infancia tuvisteis una escuela, en la juventud no os faltará otra: la escuela del proletario.

Los mismos enemigos que os cercaron de niños, los mismos enemigos os cercan ahora. Precisa un organismo de lucha, un hogar a donde acudáis a refugiaros para recobrar la fe, para robustecer el ideal y centuplicar las fuerzas que debéis acumular para la batalla decisiva y final. Las mismas angustias, las mismas amarguras que os asediaban de niños, os asedian de hombres. Entrad en él; cobijaos en él. Unidos todos, identificados todos, resistiremos mejor. Sed fieles y solidarizaros con el compañero, hermano vuestro en lucha y en rebeldía.

Esta nueva escuela —escuela de la vida—, no la abandonéis. Junto a vuestros padres, seguid luchando por un mundo mejor.

EL ATENEO

Para que en esta lucha titánica no perdáis ni la fe, ni el entusiasmo, la Anarquía os brinda una tercera escuela donde se practica la lucha por la cultura. Son los Ateneos libertarios, complemento de los Sindicatos, guiadores de los Sindicatos, conductores de los militantes.

No sólo es la lucha por el mejoramiento material la que debe unirnos, es también la lucha por la cultura la que debe solidarizarnos. Aquellas ansias que sentíais en la escuela por adquirir conocimientos, aquí las debéis continuar, ensanchándolas, aumentándolas, intensificándolas.

Ya veis, pues, cómo la Anarquía vela por vosotros, queridísimos niños.

3

¿ Cómo hacernos dignos de la Anarquía ?

Para que os identifiquéis con la Anarquía, para que dignifiquéis vuestra vida, debéis cumplir estos postulados ácratas.

AYUDA

1

AYUDA

No te desentiendas jamás de los que luchan como tú, de los que sufren como tú. Son hermanos tuyos. En la escuela los tuviste a tu lado. Ahora, los tienes en el taller, en la fábrica, en las minas, aún sedientos de justicia. Dondequiera que veas un hermano tuyo, ayúdalo. Por encima de las fronteras alzadas por los privilegios, tiende tu mano a todo el que es víctima de la sociedad actual burguesa.

APOYA

2

Apoya

Al que vacile, infúndele alientos; al que se desespere por ver lejano el triunfo, dale
 ánimos. La ayuda mutua es un deber sagrado y universal.

COPIÁ LO BELLO

3

COPIA LO BELLO

No imites lo perecedero, lo efímero. Todos los males, ahuyéntalos y aléjalos de ti: son aún la herencia de la imperfección humana a que estamos encadenados. Por encima de este caos de ignominia, levanta tus ojos a la belleza de la Vida.

LABORA

4

Labora

Todo es trabajo en la naturaleza y tu misión es contribuir, en la medida de tus fuerzas, a la perfección de este trabajo. No te resignes a ser siervo de la máquina, ni esclavo del músculo. Dignifica el trabajo, embellécelo, purifícalo.

ESTUDIA

5

ESTUDIA

Que el libro sea tu mejor amigo, tu consejero, tu guía. Nunca sabremos bastante. Quien añade ciencia, añade Anarquía. Investiga por ti mismo, aclara los misterios que te rodean. Instrúyete, edúcate. Ésta es la única herencia que debes dejar en la Vida.

AMA Y PROTEGE

6
Ama

La ciencia no pone piedras en el corazón. Un amor puro y humano hace penetrar en nosotros. Por alejados que estén, por distanciados que se hallen, cada ser es un amado nuestro.

7
Protege

Quien mucho ama, mucho ayuda. Al ser débil, protégelo. Al anciano, al inválido, al enfermo, nos une mucho más amor porque son débiles. Ese pobre anciano que ves, fue fuerte como tú, valeroso como tú; ese doliente inválido también fue como tú. Piensa que puedes ser como ellos; piensa que el trabajo burgués te envejecerá y te enfermará. ¡Protégelos! Piensa en los que no están con nosotros: en los presos; por luchar, por defendernos, no tienen libertad. ¡Acuérdate de ellos!

CULTiVA

8

CULTIVA

La tierra es tu madre; el campo es tu
sustento. Sazonados frutos y óptimas co-
sechas recogeremos si los cultivamos. No
35 dejes ninguna tierra estéril. Da a la tierra
el cuidado que necesita para que te ali-
mente y te haga vivir. En el mundo ideal,
siembra ideas, esparce pensamientos, es-
cribe y acciona. En el mundo real, que la
semilla caiga en toda la tierra que, bien
abonada y preparada, fecundará la semilla
y la convertirá en flor y en fruto.

NO TENGAS ESCLAVOS

9

No tengas esclavos

Aspira a ser libre y que las ansias de tu libertad abrase a todos. No esclavices a nadie. Ni pájaros, ni ningún ser viviente puedes encerrarlos impunemente. Abre las puertas de todas las jaulas, lima las rejas de todas las cárceles, donde —como el pájaro enjaulado— seres humanos sufren y padecen. Sé libre y haz libres, contigo, a los demás. Abre las puertas de tu corazón para que salgan de él todos los vicios, todos los defectos que lograron filtrarse. Sé libre y sé puro: ni tengas esclavos, ni te conviertas en esclavo.

TRABAJA

10

Trabaja

Trabaja y lucha la Anarquía te dice. Antes te dijeron: *Trabaja y reza*. Deja los rezos, deja las oraciones. Sólo hay una oración que no debes olvidar nunca: la del trabajo. Trabaja por el bien de la Humanidad, para que cesen los dolores, para que terminen los sufrimientos, para que la amargura se aleje para siempre. Sé feliz en una humanidad feliz. Sé libre en una humanidad libre.

Ésto es la Anarquía, queridos niños.
¡Bienaventurados, vosotros,
si la comprendéis y la practicáis!

Empiece, pues, para vosotros la visión 40
de una vida nueva de purezas
y bondades.

Nota a la edición

Pedagogía libertaria y II República

De Rousseau al iluminista Godwin, sin olvidar las ideas de Proudhon, Bakunin y Kropotkin o las revolucionarias prácticas de pedagogos como Pestalozzi y Ferrer Guardia, la educación libertaria ha evolucionado y se ha adaptado a diferentes escenarios sociales, convencida de su papel fundamental para lograr una sociedad más libre y justa.

La alfabetización de las clases populares, la educación en igualdad de género o el antiautoritarismo son algunas de las reivindicaciones del movimiento anarquista recogidas en las reformas educativas de la II República: por primera vez, los niños y niñas de familias sin posibilidades económicas podían ir a la escuela. En este sentido, decisivas han sido las aportaciones de editores, militantes y pedagogos como José Antonio Emmanuel, creador de la editorial B.A.I., autor y editor de este folleto; Antonia Maymón, pedagoga anarquista y feminista, férrea defensora de la coeducación en una escuela única para niños y niñas sin distinción de clases ni géneros; o Félix Carrasquer Launed, fundador de la Escuela Racionalista Eliseo Reclus, un centro coeducativo libre y autogestionado.

La instauración de la república en 1931 marcó, además, el inicio de un período de creciente influencia social del ideario anarquista, consecuencia de la fuerza política y sindical de este movimiento. Dentro del programa de transformación pedagógica propuesto por el anarquismo, la escuela —el medio más eficaz, escribió Ferrer Guardia, para conseguir la emancipación completa, moral e intelectual de la clase obrera— encarnó los cimientos de una nueva sociedad. Pero la educación libertaria no solo se desplegaría desde sus aulas, sino también a través de diferentes instituciones vinculadas a la tradición pedagógica del movimiento obrero: ya en los albores de las reformas de la enseñanza nacerían las primeras bibliotecas populares y escolares, los ateneos libertarios o la universidad popular. Estos centros de cultura obrera, auténticos focos de animación y promoción lectora, centraron sus esfuerzos en prácticas como la alfabetización de adultos o el fomento a la lectura en la infancia que permitieron a las clases populares emanciparse del oscurantismo y la ignorancia y transformarse en actores conscientes de una nueva sociedad de libres e iguales.

José Antonio Emmanuel y la Tipografía Cosmos

José Antonio Emmanuel es uno de los alias del pedagogo José Ruíz Rodríguez, malagueño, primo hermano de Pablo Ruiz Picasso, filántropo, anarquista e impulsor, entre otros proyectos, de las escuelas para niños desamparados.

En 1923, posiblemente a causa de la dictadura de Primo de Rivera, Max Bembo —pseudónimo con el que firmó el ensayo *La mala vida en Barcelona: Anormalidad, miseria y vicio*— desaparece y deja paso, tras la proclamación de la II República, a José Antonio Emmanuel, quien colaboró con el Comité Internacional de Escuelas a fin de fomentar las escuelas racionalistas. Desde de la Biblioteca Anarquista Internacional (B. A. I.), editó la colección «Biblioteca Internacional», que cuenta con once títulos publicados en dos años: pequeñas obras de propaganda ideológica, de alrededor de dieciséis páginas de apenas 20 céntimos, que explicaban conceptos como la organización del proletariado, la acción sindical o la anarquía. De entre estos últimos destacan *La anarquía explicada a los niños* y *La anarquía explicada a las mujeres,* otro folleto de características semejantes.

Estas publicaciones se imprimieron en la también barcelonesa Tipografía Cosmos, uno de los principales centros de producción gráfica e ideológica vinculado al anarcosindicalismo catalán.

Del taller de Cosmos emergieron periódicos, panfletos y libros relacionados con el movimiento obrero y la izquierda. La imprenta se creó durante la dictadura de Primo de Rivera y fue dirigida por Martí Barrera i Maresma, uno de los treinta encarcelados durante 1920 en el castillo de la Mola de Mahón, en Menorca —junto a Lluís Companys y Salvador Seguí—, por desempeñar labores sindicales. Martí fue el padre de Heribert Barrera, quien sería el primer presidente del Parlament de Catalunya tras el final de la dictadura franquista. Durante la Guerra Civil Española, la pista de José Antonio Emmanuel desaparece, se cree permaneció oculto o quizás escapara del país. Activista y librepensador, su praxis social y política, que nunca pierde de vista la infancia más necesitada, lo convirtieron en una figura destacada en la historia de la educación española.

Publicado originalmente en 1931, *La anarquía explicada a los niños* ha sido recuperado en la última década por diversas editoriales de América Latina. La presente edición, fiel al texto original de José Antonio Emmanuel y a la edición argentina de 2017, no tiene otra pretensión que la de abrir una ventana al tiempo desde la que asomarse a otras formas del pensamiento. Más allá de su valor pedagógico o bibliográfico, el folleto de B.A.I. es una invitación a razonar libremente, un puente a través del cual acercarse al pensamiento libertario.

¿Qué es la Anarquía? 7

¿Cómo llegar a la Anarquía? 15

¿Cómo hacernos dignos de la Anarquía? 21

AYUDA 23

Apoya 25

COPIA LO BELLO 27

Labora 29

ESTUDIA 31

Ama Protege 33

CULTIVA 35

No tengas esclavos 37

Trabaja 39

Nota a la edición 41

Nota a la edicion argentina de 2017:

Esta nueva edición de
La anarquía explicada a los niños,
publicada originalmente en 1931,
es el resultado de un esfuerzo mancomunado
de personas, talentos y herramientas.
Fábrica de Estampas realizó cada uno de
los grabados que ilustran los postulados ácratas.
Imprenta Rescate realizó el diseño interior,
estampó las cubiertas en impresion tipográfica.
Dodó Risopress imprimió el interior
a través de la técnica risografíca.
Así llegó al lector.

Buenos Aires, bajo el sol de Piscis,
en el año 2017.

• • •

www.librosdelzorrorojo.com

Dirección editorial: Fernando Diego García
Dirección de arte: Sebastián García Schnetzer
Nota a la edición: Piu Martínez
Corrección: Sara Díez Santidrián

ISBN: 978-84-120790-5-0 Depósito legal: B-3704-2020

Primera edición: septiembre de 2020
Sexta reimpresión: octubre de 2025

Impreso en España por GraphyCems